I0382470

This Coloring Book

belongs to

_ _ _ _ _ _ _ _ _ _ _ _ _ _ _ _ _ _

_ _ _ _ _ _ _ _ _ _ _ _ _ _ _ _ _ _

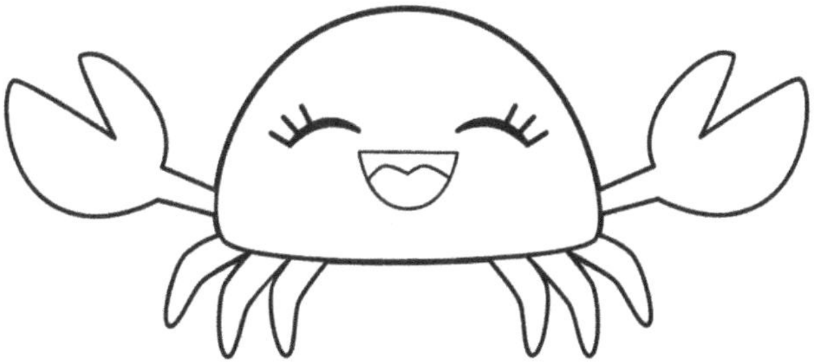

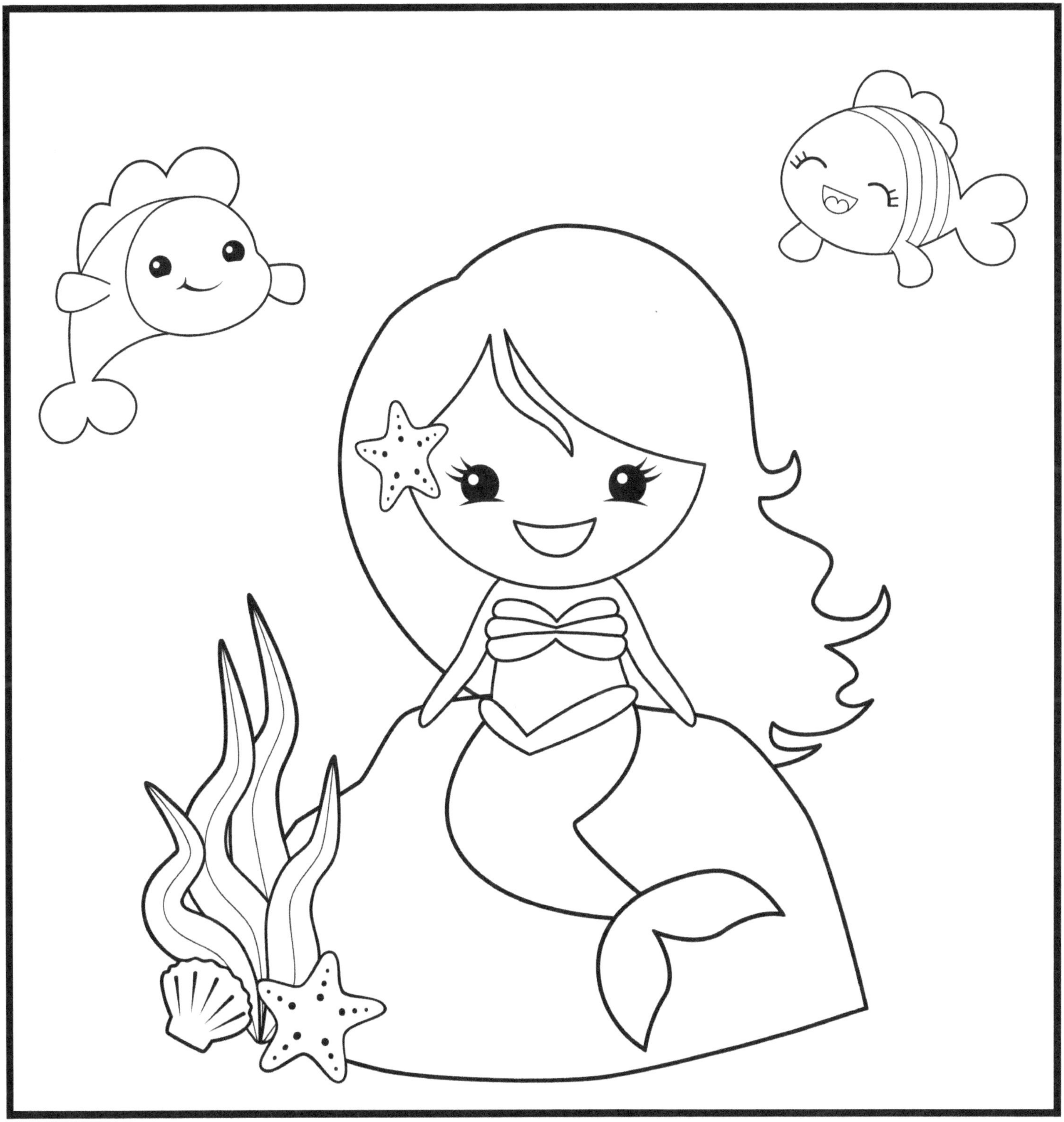

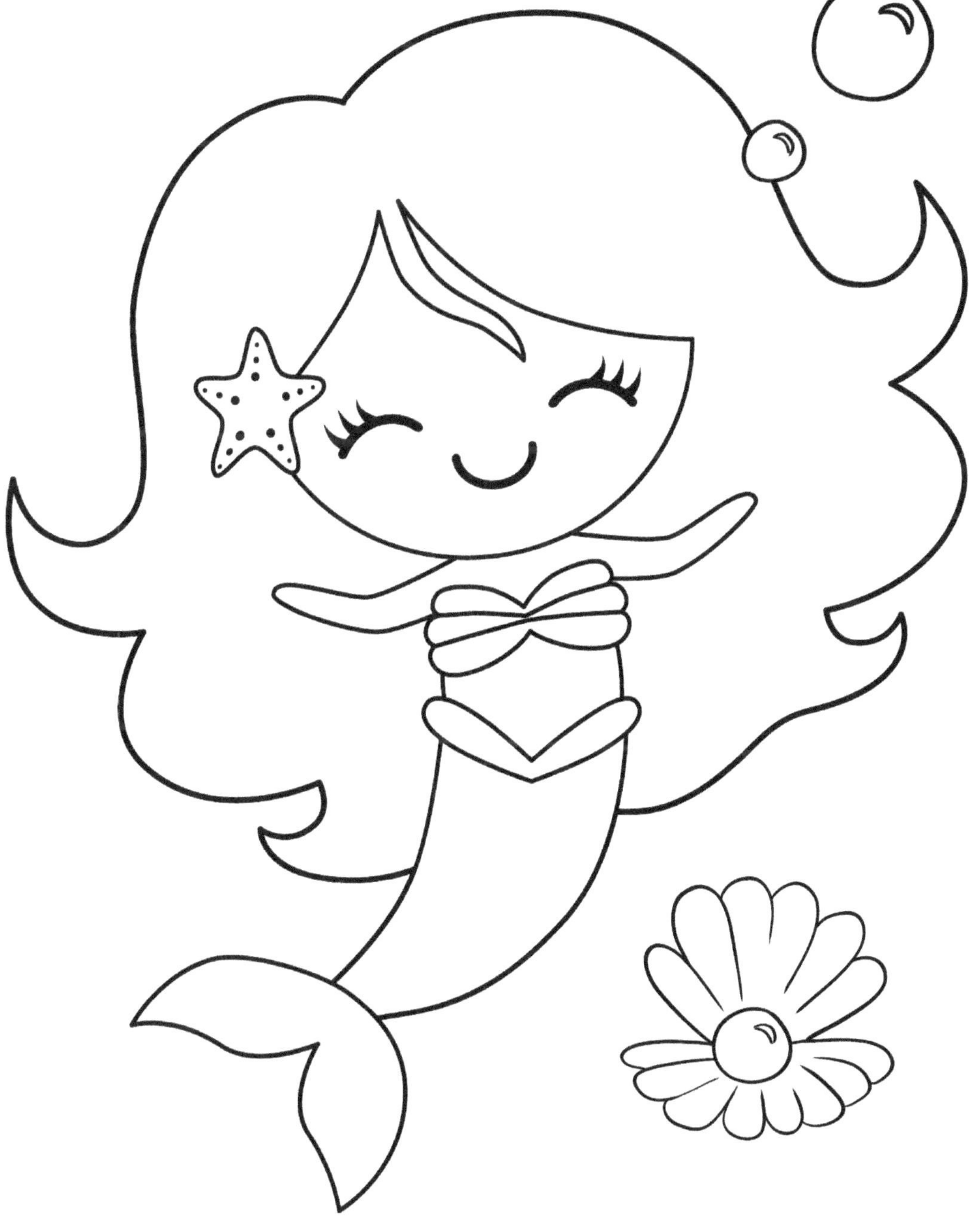

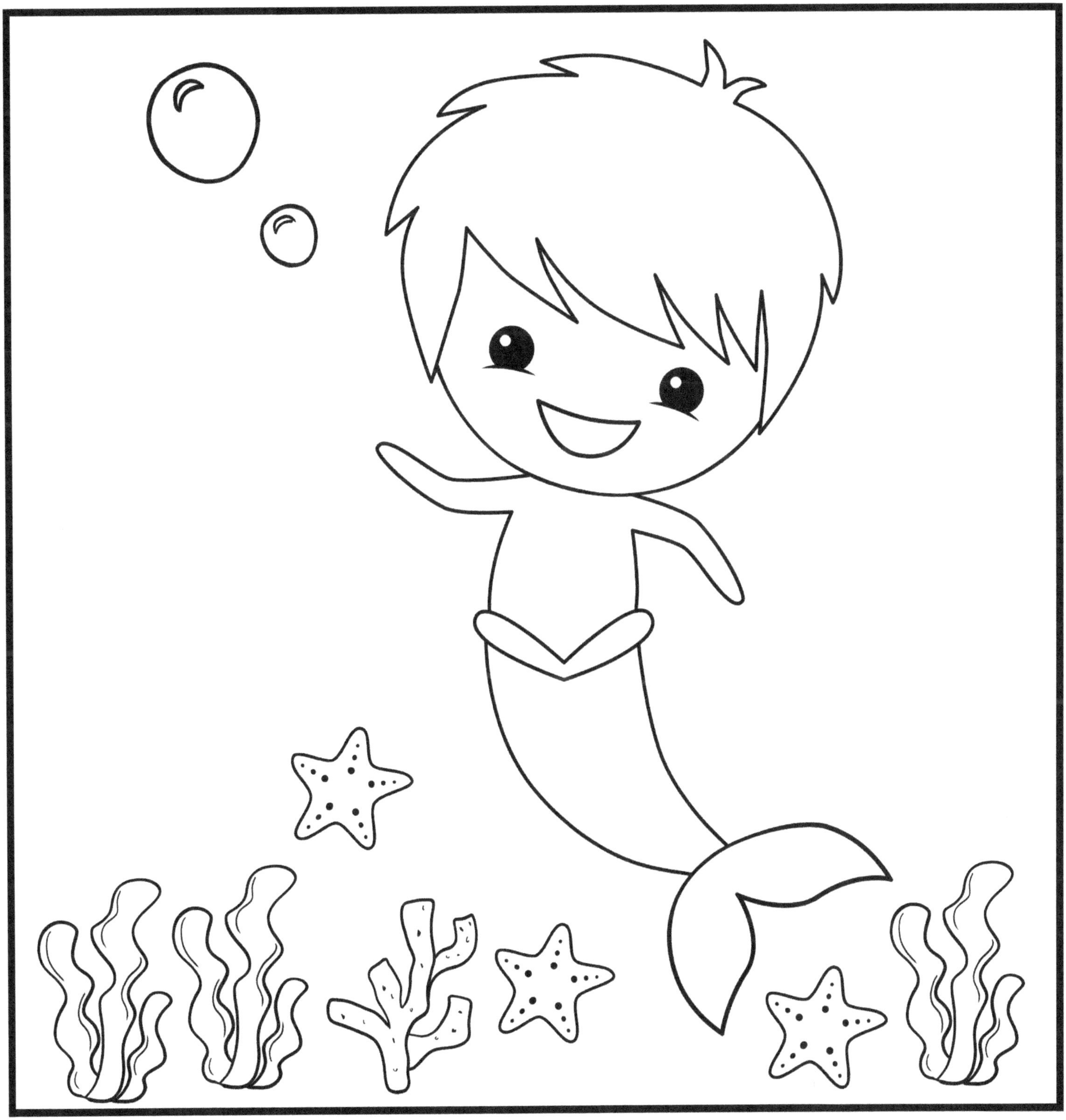

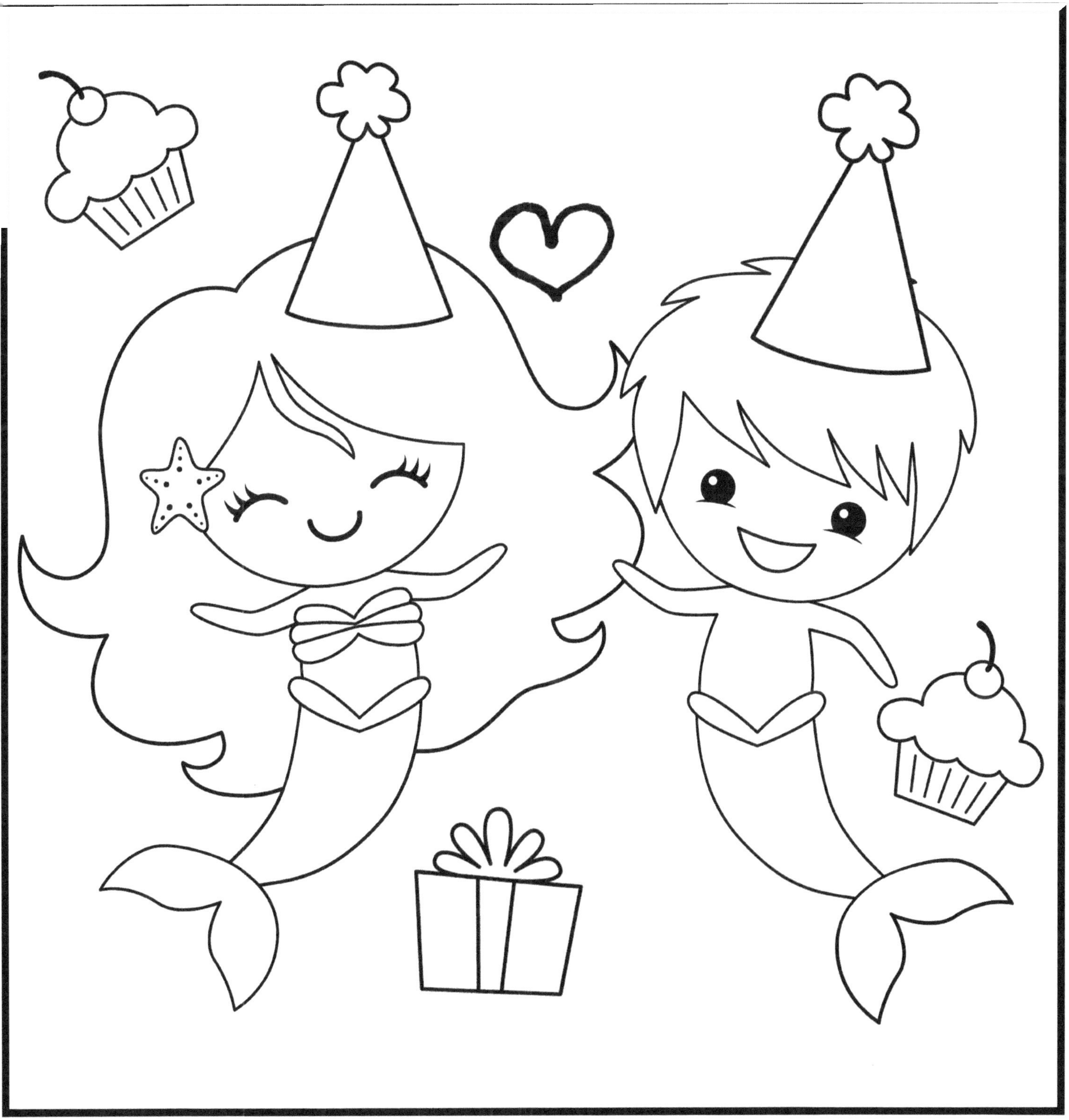

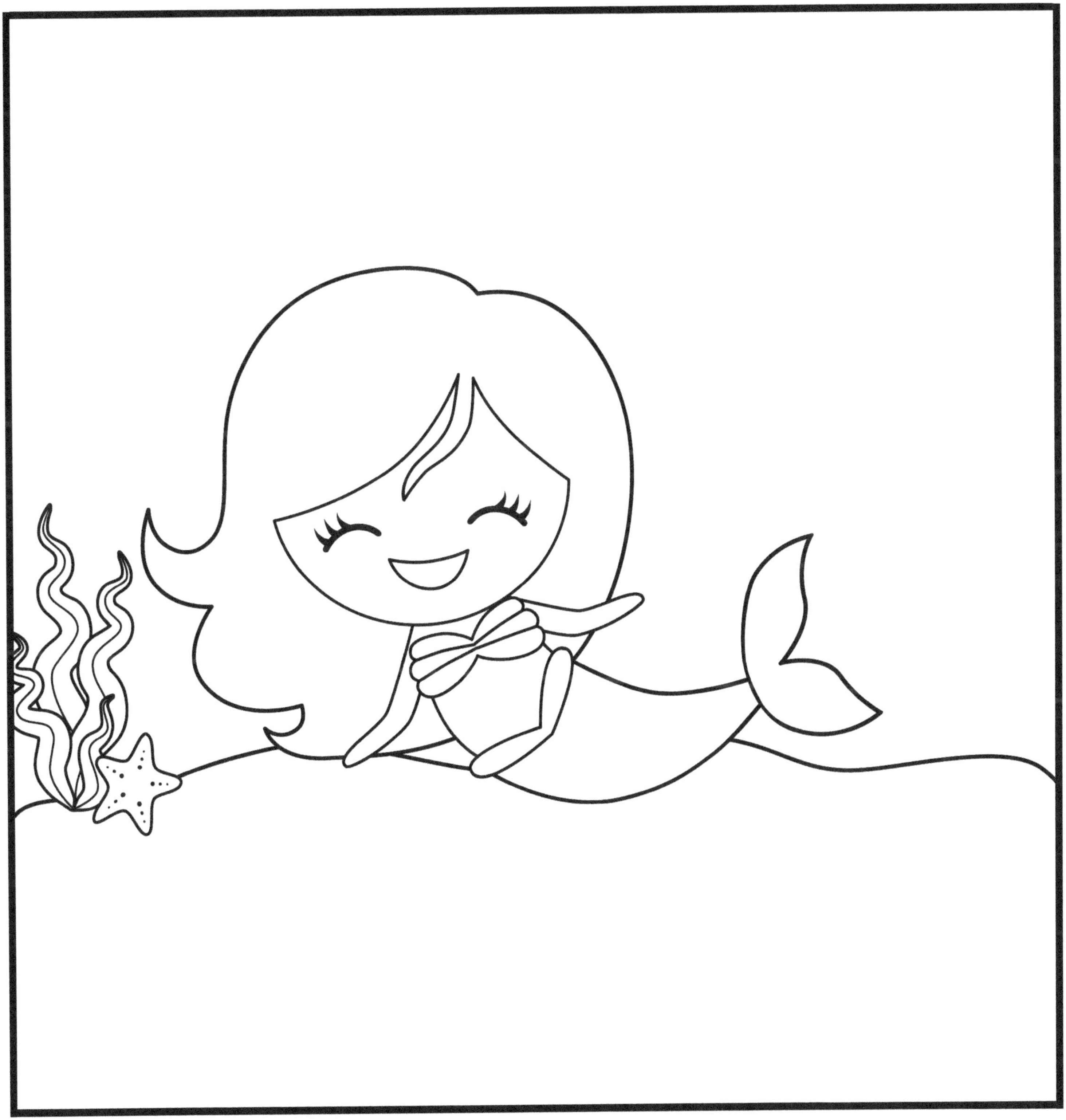

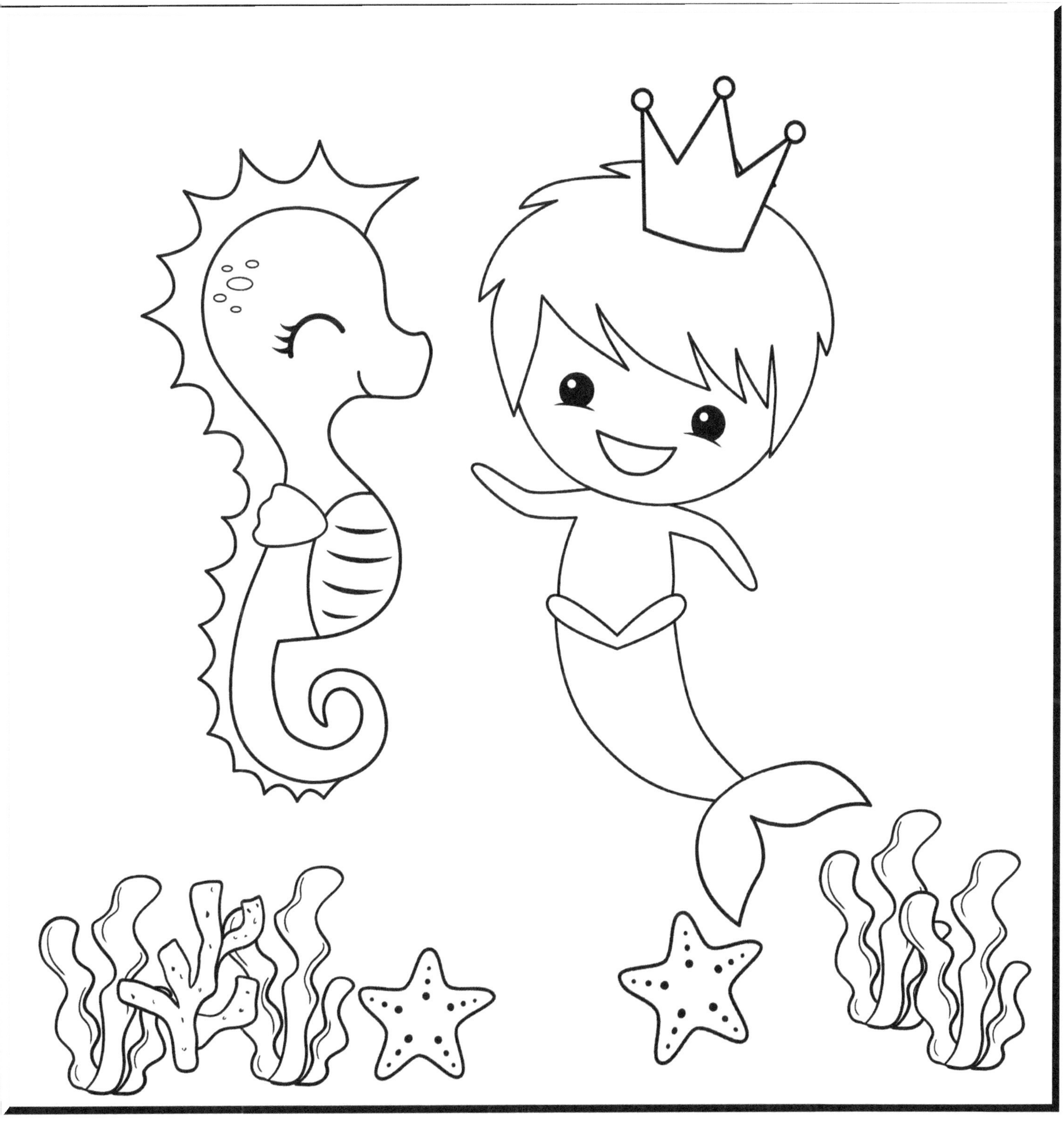

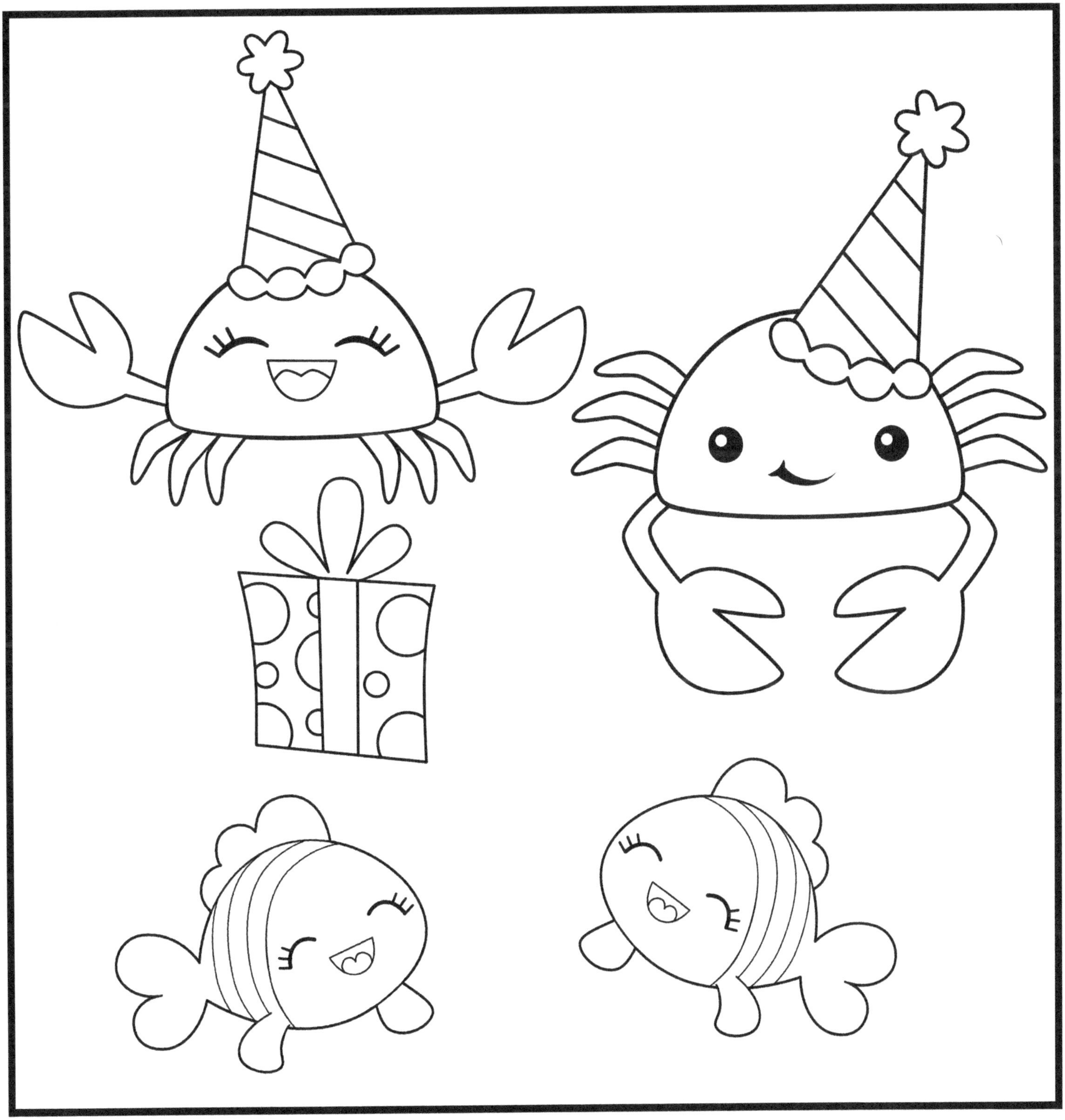

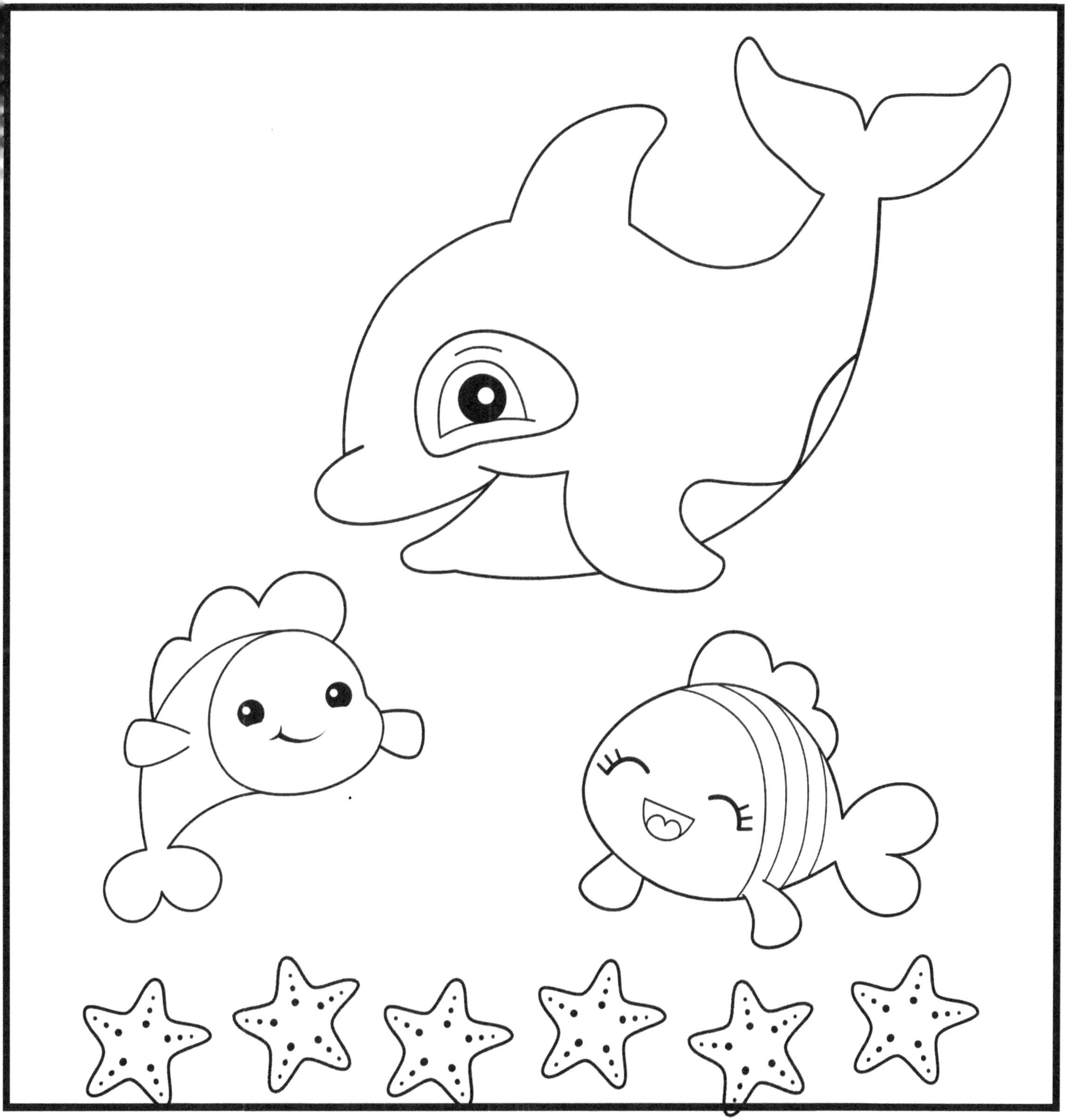

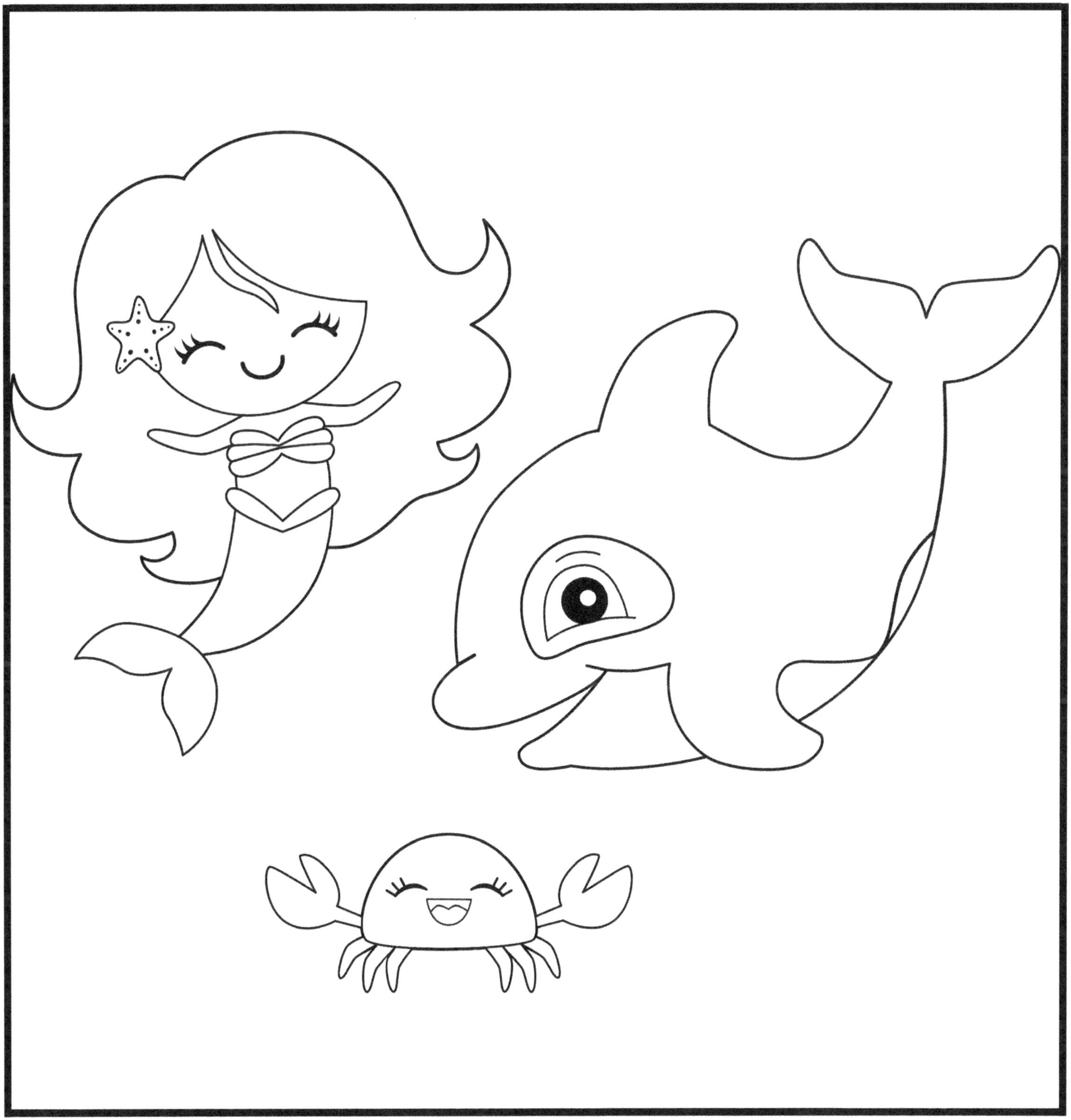

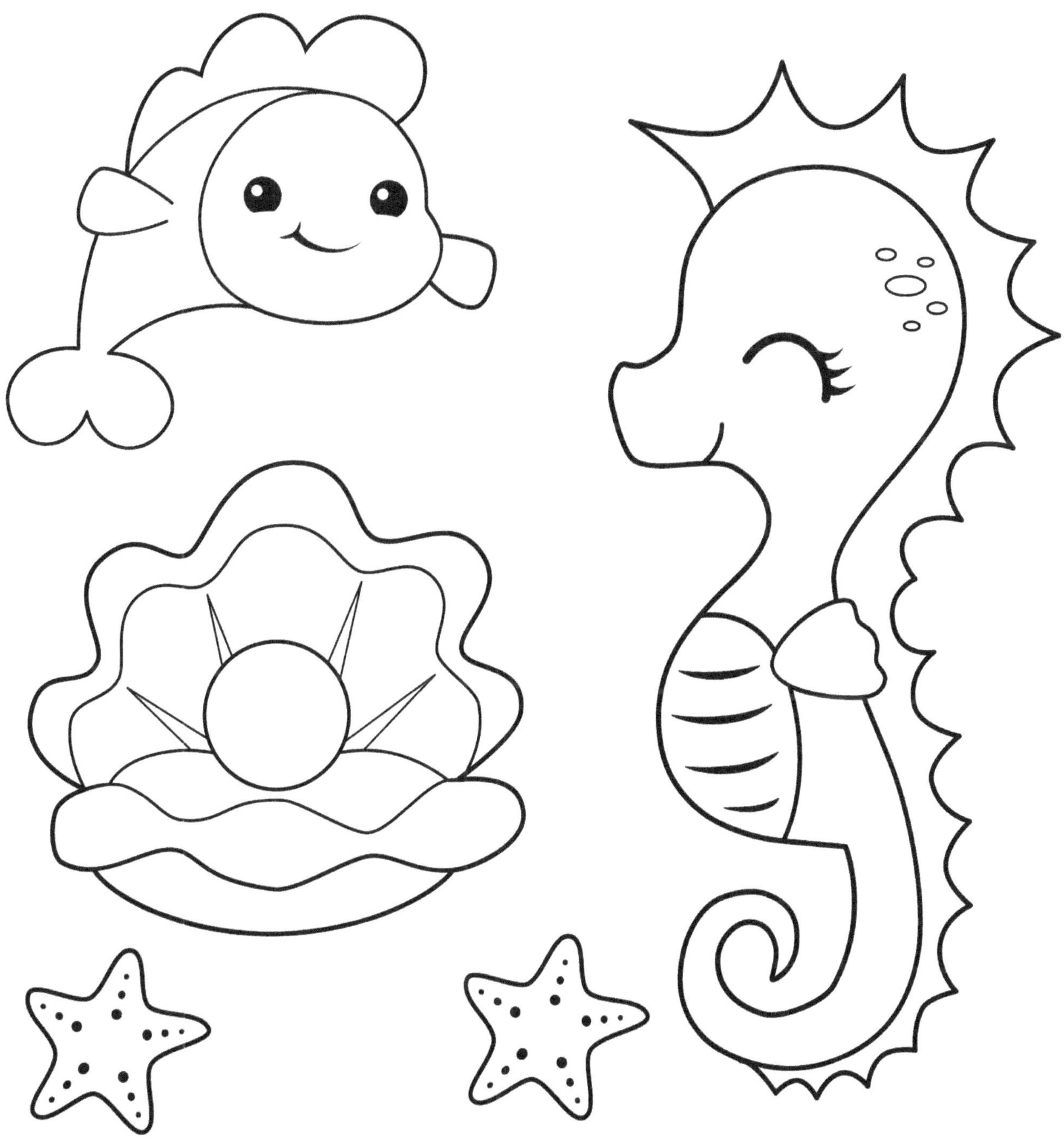

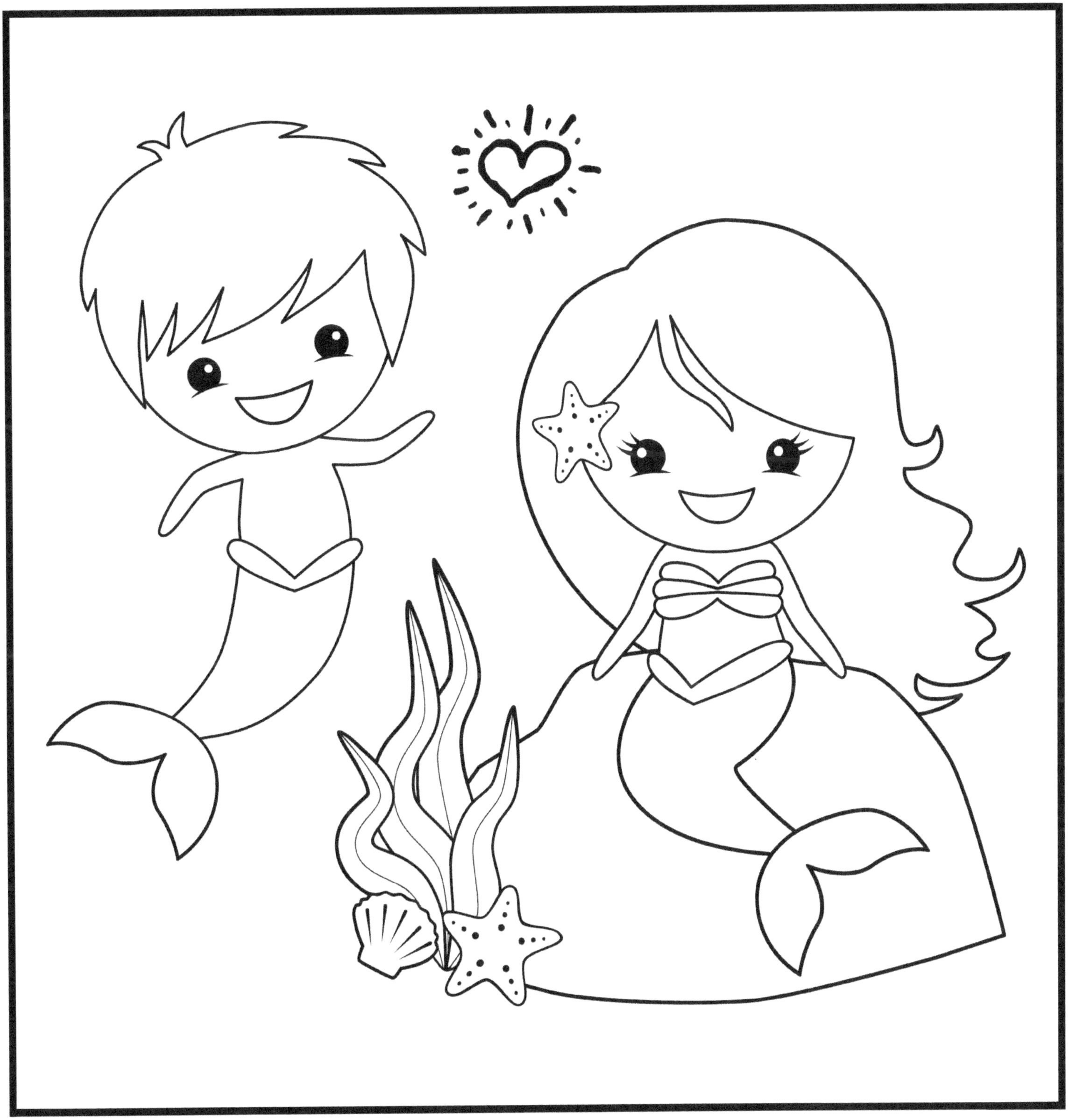

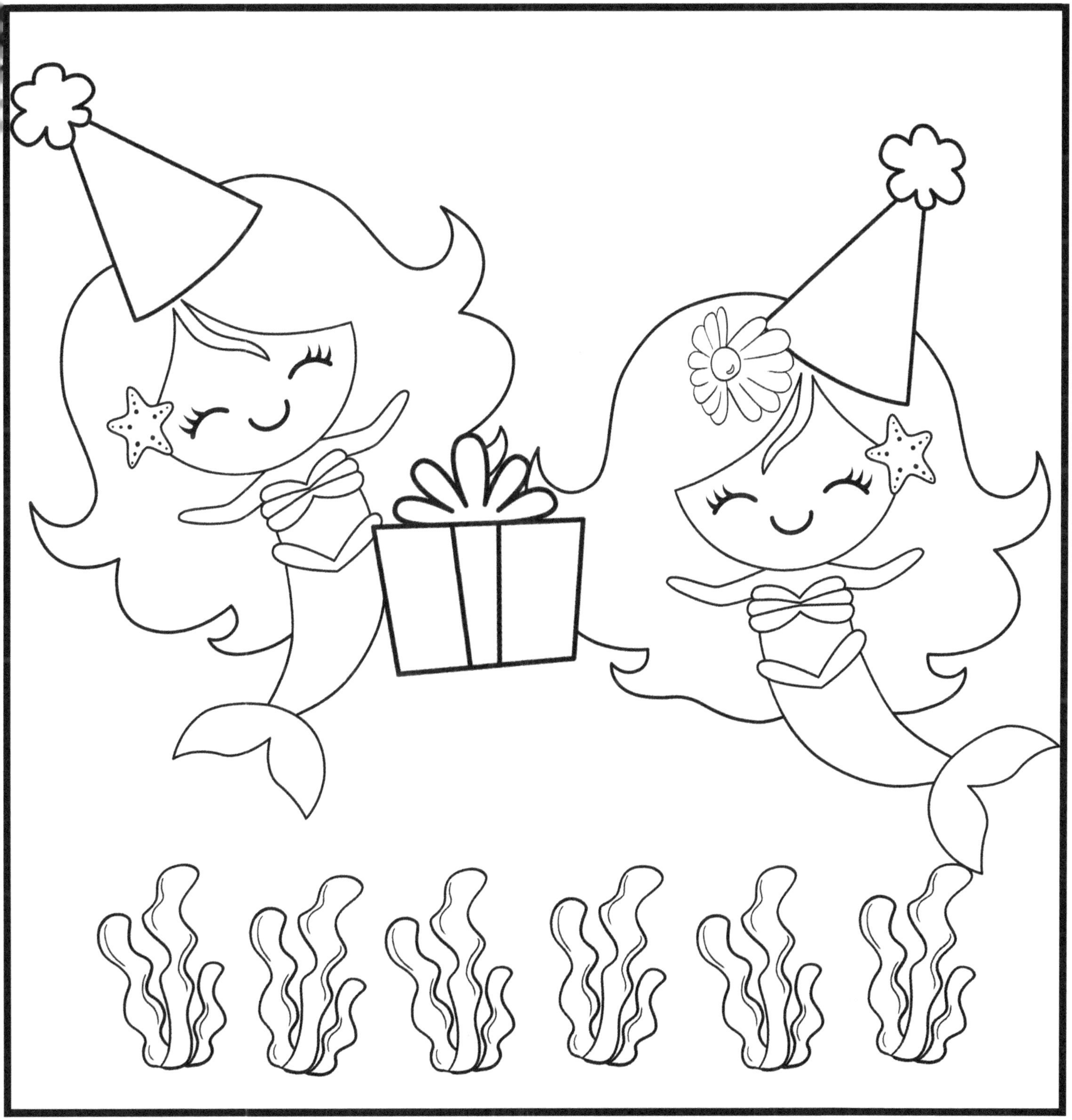

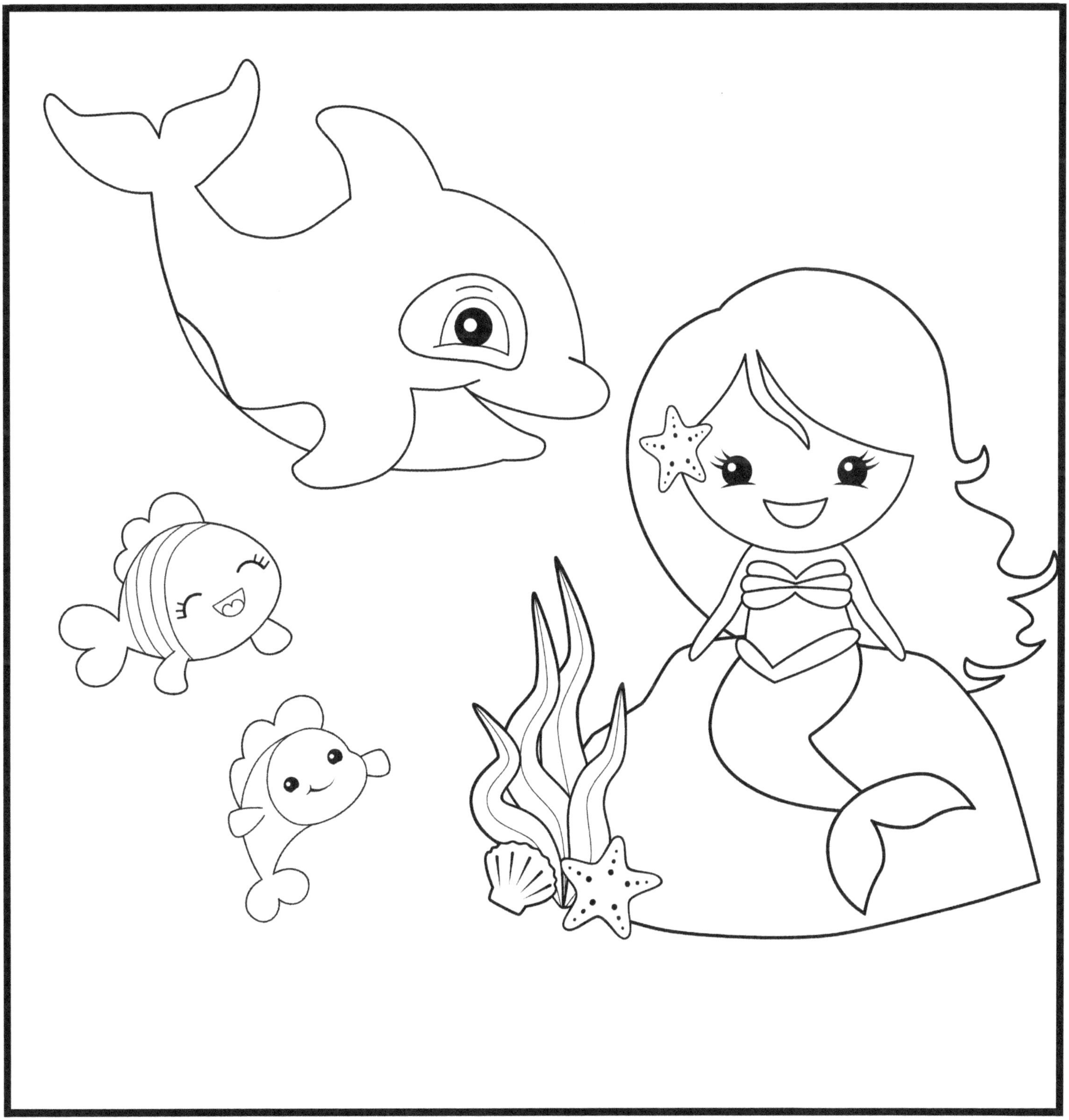

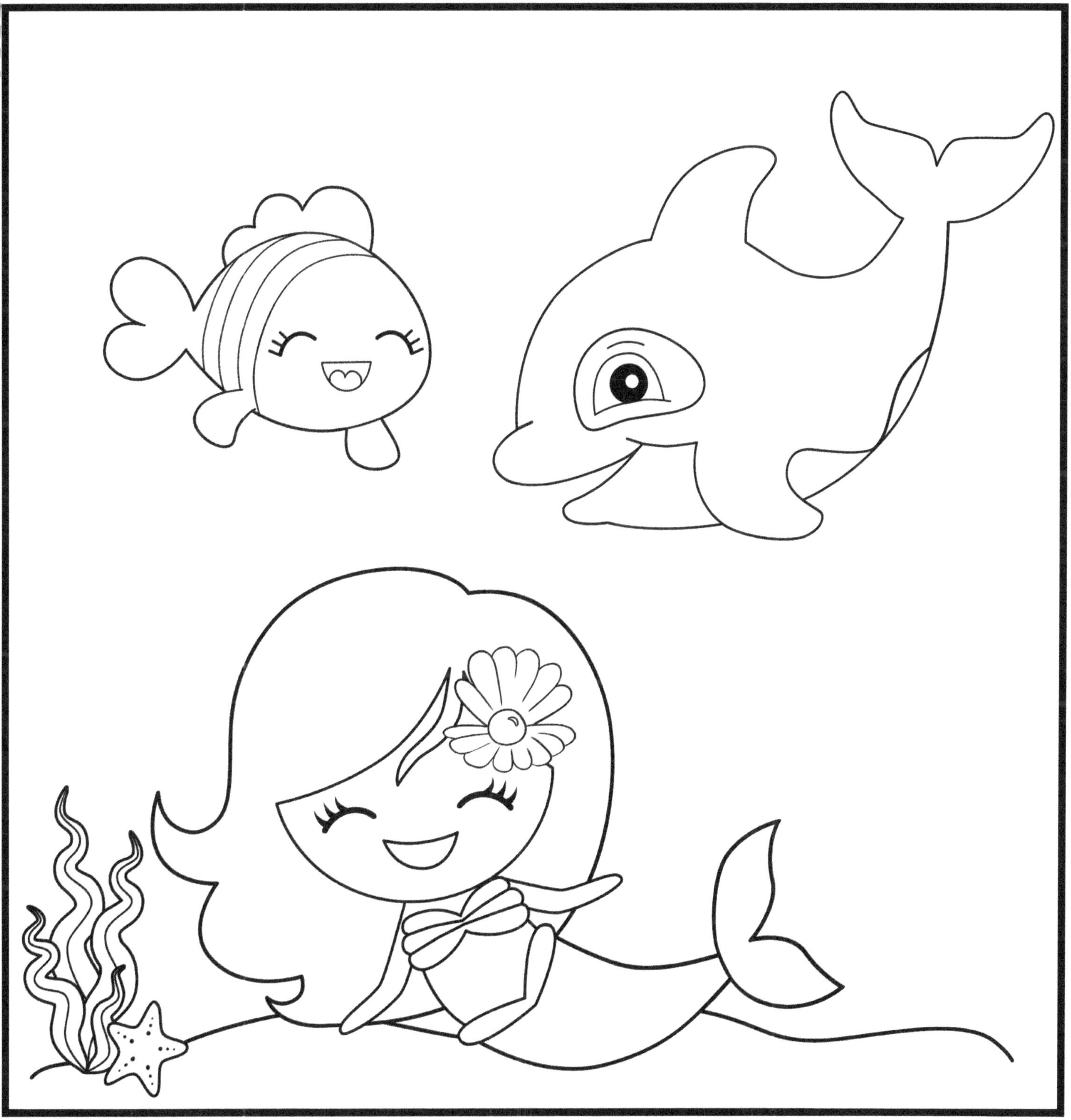

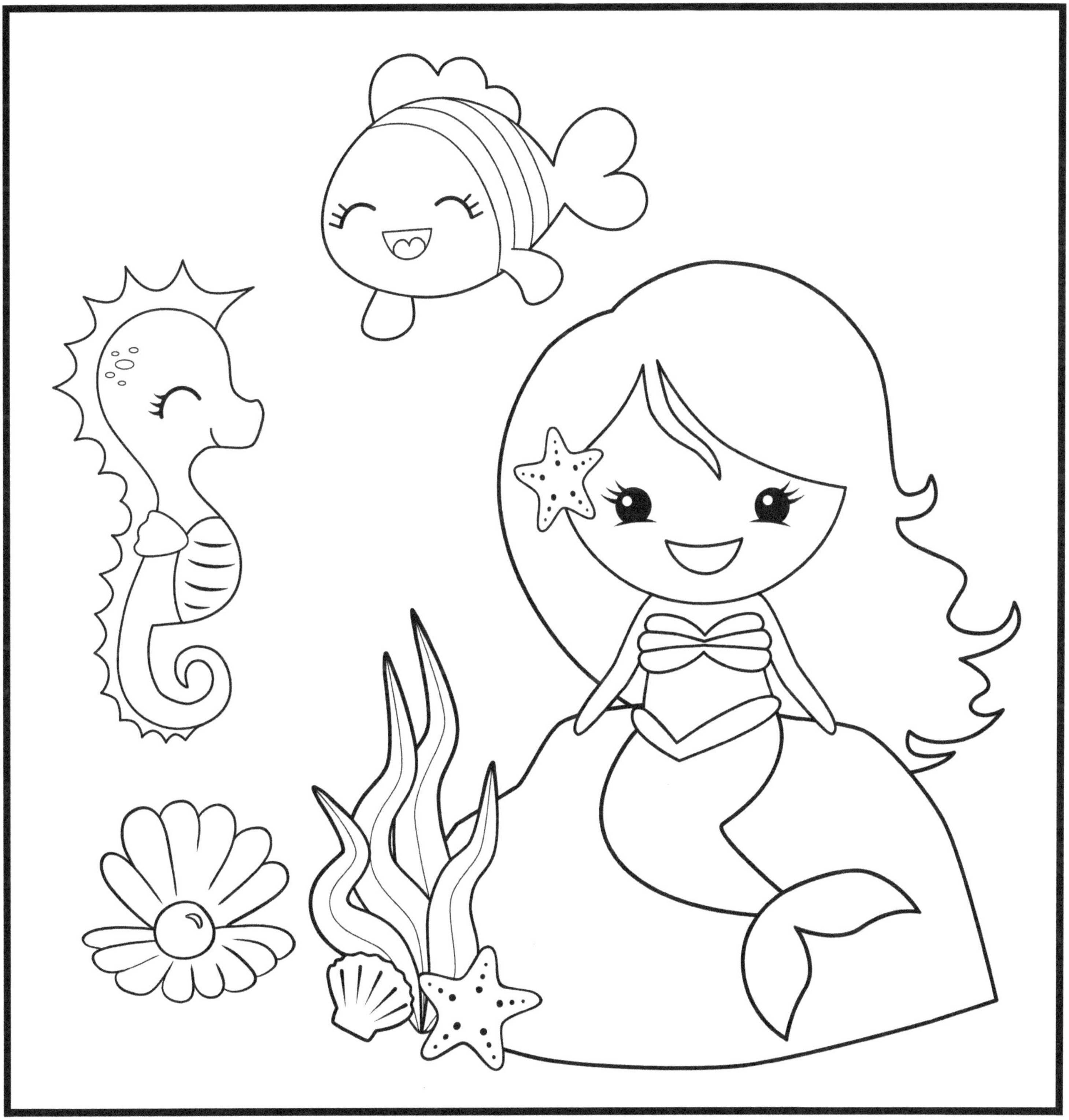

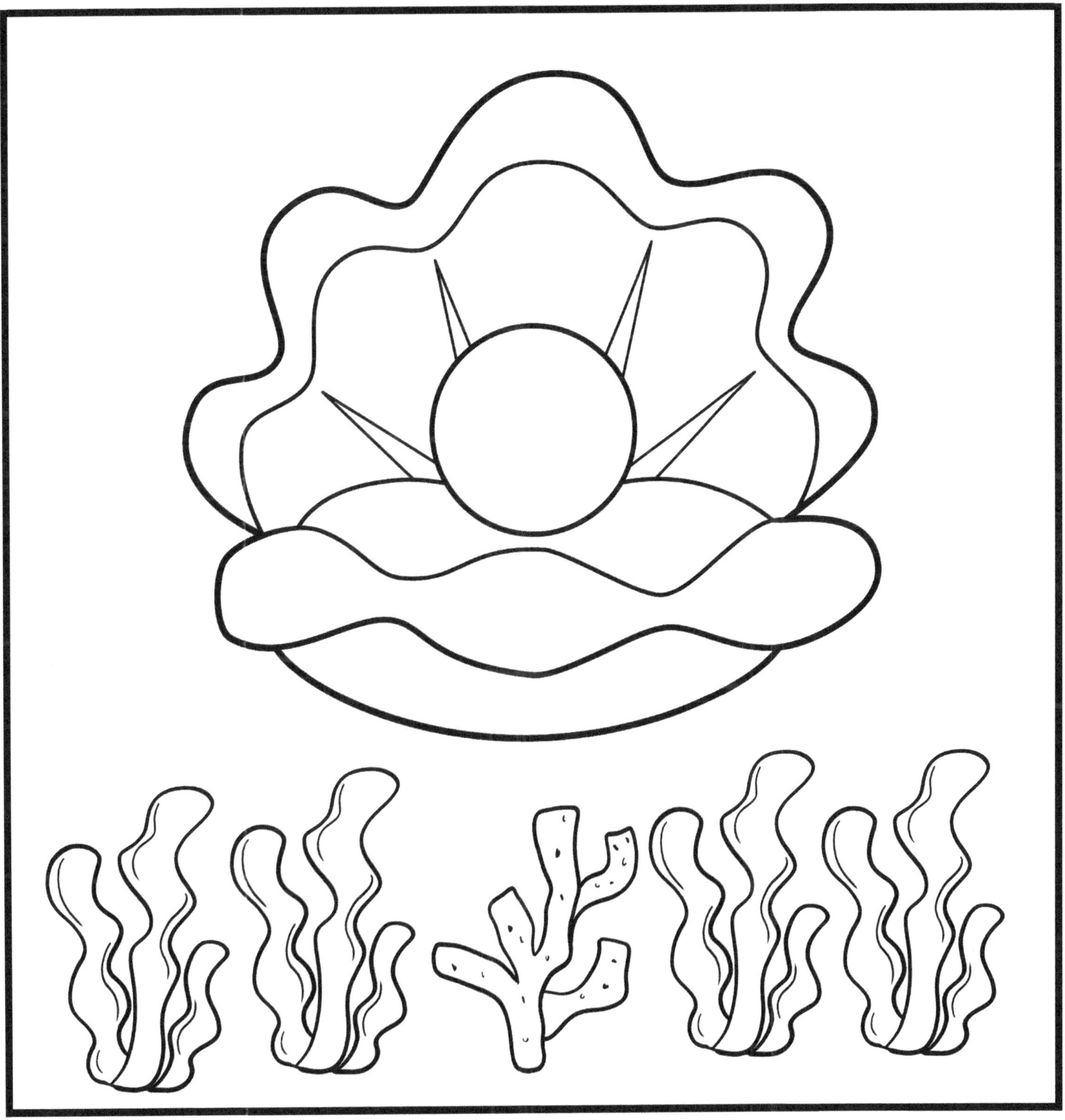

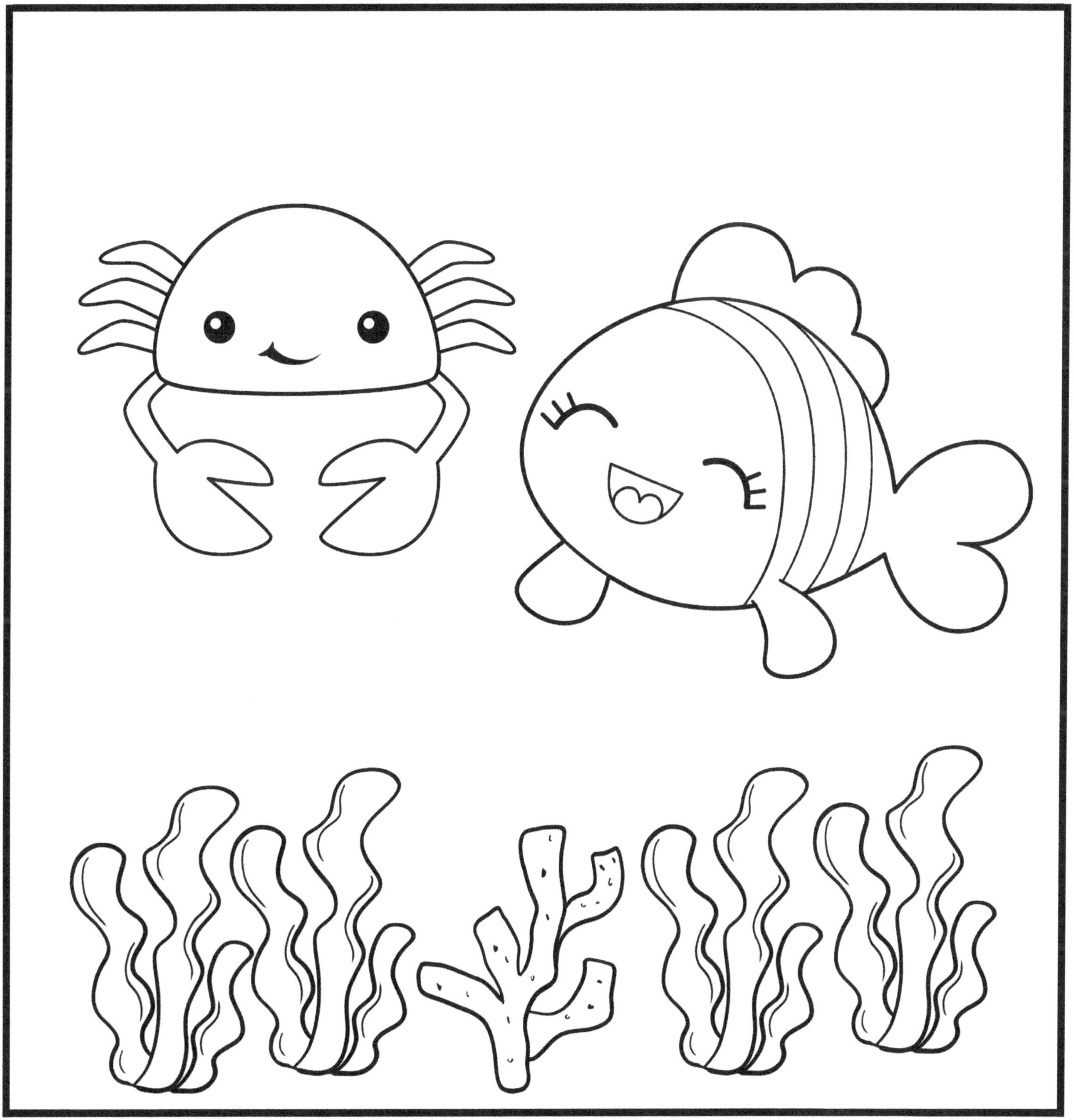

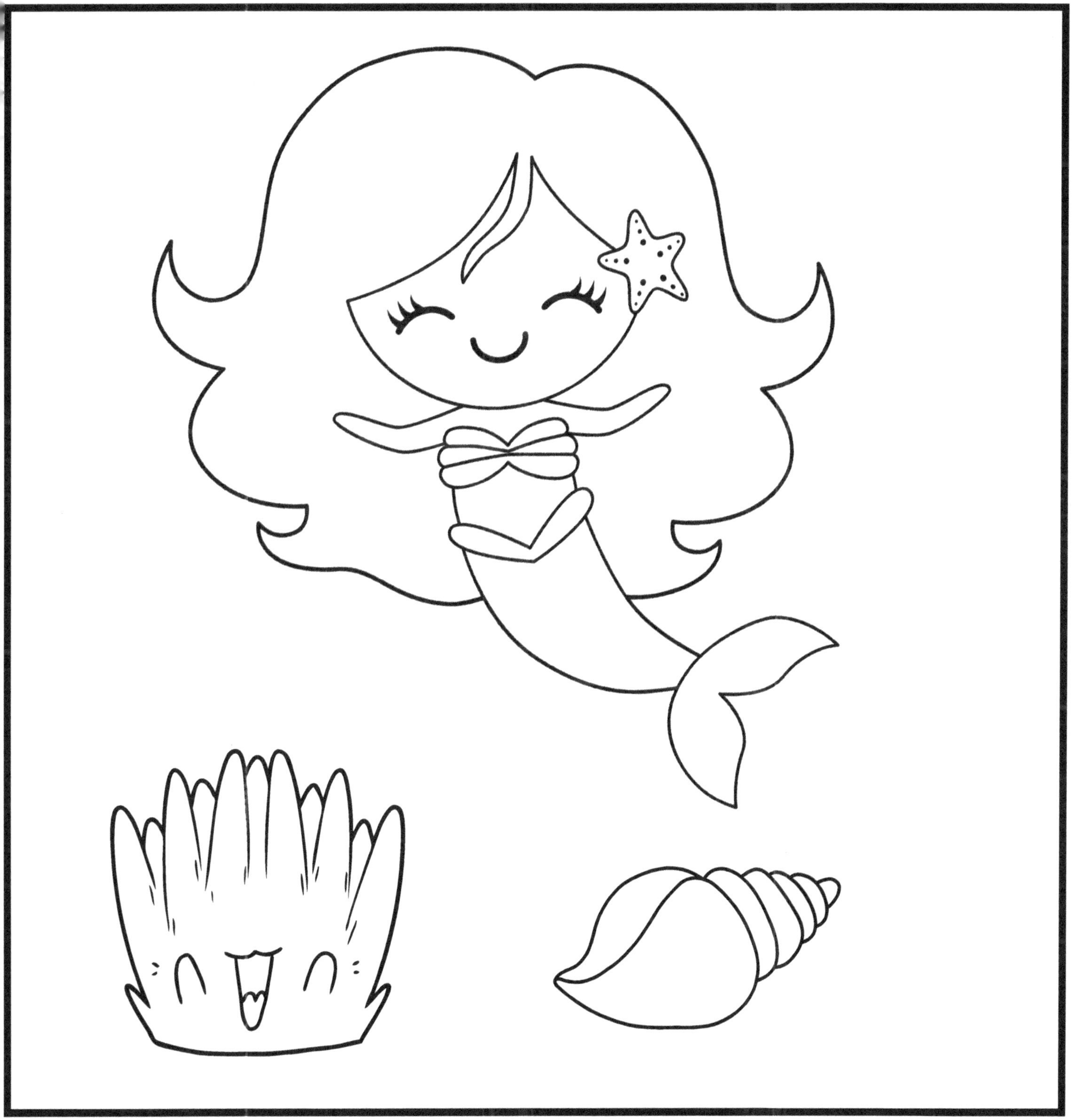

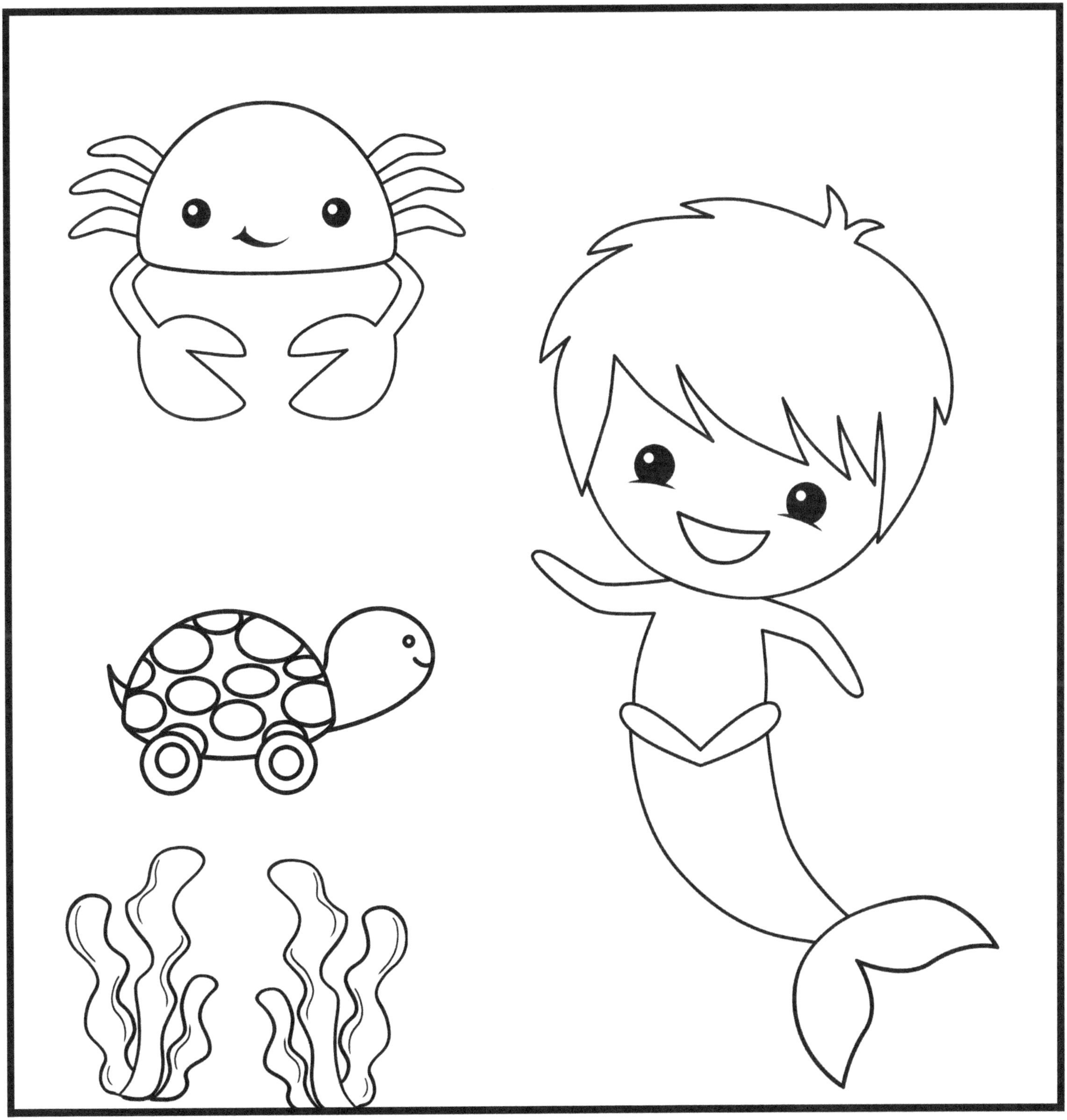

www.ingramcontent.com/pod-product-compliance
Lightning Source LLC
Chambersburg PA
CBHW081237080526
44587CB00022B/3978
* 9 7 8 1 6 4 9 4 4 1 8 1 2 *